Inhaltsverzeichnis

Die Sparrenburg

Welche Wörter kannst du aus
den Buchstaben des Wortes
SPARRENBURG
bilden? Zum Beispiel: Burg, Bus ...

Eine seltsame Erscheinung
Graf Ludwig hat die Spatzen erschreckt. Welchen gibt es nur einmal?
Unten im Turm lag früher das Gefängnis. Diese Tür gab es noch nicht. Sie wurde erst um 1800 in die dicken Mauern gebaut.
1900 wurde das Denkmal zu Ehren des Großen Kurfürsten hier aufgestellt.
1900
Erkan - bester Freund von Sammy, auch noch nach dem Unfall.
Meine Tante hat damals ein Buch über die Burg geschrieben.
Rike - ist oberschlau, denn sie hinterfragt immer alles ganz genau.
Sammy - hat sich beim Radfahren den Arm gebrochen, als sein bester Freund Erkan bergrunter voll in ihn reingekracht ist.
Olivia - beste Freundin von Rike.

„Hausaufgaben über die Ferien? Echt jetzt?"
Die ganze Klasse maulte, als die Lehrerin am letzten Schultag darauf bestand, dass die Kinder in den Ferien etwas über die Sparrenburg, das **Wahrzeichen** ihrer Stadt **Bielefeld**, in Erfahrung bringen sollten.
Außer Rike vielleicht, die wollte immer viel wissen und schaute gleich im Internet nach.
Rike bestand auch darauf, dass sich die vier Freunde Erkan, Olivia, Sammy und Rike gleich in der ersten Woche oben auf der Burg trafen.
„Meine Tante hat mir ein altes Buch über die Sparrenburg mitgebracht. Da könnten wir einfach alles abschreiben?", versuchte Sammy.
Aber das war Rike zu einfach.
„Guck mal, hier sind viele neue Schilder aufgestellt", meinte Erkan. „Aber alles steht da wohl auch nicht drauf. Ich kapier' es nicht."

„Na, da kann ich euch ja gern ein wenig helfen", meinte plötzlich eine lustige Stimme von oben.
Geisterhaft durchsichtig erschien eine seltsame Gestalt.
„Hier ist schon mal Friedrich Wilhelm, der große Kurfürst", quasselte die Erscheinung fröhlich weiter.
„Ich dreh ihn mal um, dann könnt ihr ihn besser sehen."
Und damit drehte er das schwere Steindenkmal einfach zu uns.
„Ich hab' mich ja gar nicht vorgestellt:
Graf Ludwig von Ravensberg, mir hat die Burg damals gehört."
„Lasst uns abhauen, der spinnt!" Erkan tippte sich an die Stirn.
Konnte der geisterhafte Graf den Kindern tatsächlich etwas über die Burg erzählen? Dann hätten sie ihre Hausaufgabe schnell erledigt.
Nicht alle vier waren sich einig und auch nicht alle vier waren begeistert.
Aber Rike setzte sich durch, denn sie hatte immer 1 Millionen Fragen, oder mindestens 100.000 - es waren auf jeden Fall viel zu viele.
„Es ist immer gut, viel zu wissen", meinte sie.
Und so ließen sie sich doch von Graf Ludwig die Sparrenburg erklären.

Burg & Bielefeld

Mittelalter
nennt man die Zeit zwischen dem Altertum (bis ca. 400) und der Neuzeit (ab ca. 1492 - der Entdeckung Amerikas).

„ **Bilivelde** - so nannte man Bielefeld, als es von meinem Vater, Hermann IV von Ravensberg, gegründet wurde“, plapperte der Graf weiter. 1214 erhielt der kleine Ort Bielefeld dann die sogenannten Stadtrechte. Bald darauf wurde die Sparrenburg unter meiner Aufsicht errichtet.“

„Warum hast du die Sparrenburg bauen lassen?“, wollte Rike wissen.

„Ich wollte mit dem Bau der Burg Sparrenberg, wie sie eigentlich heißt, zeigen, wie mächtig ich war. Und natürlich wollte ich die Stadt beschützen. Dafür mussten mir die Stadtbürger Abgaben zahlen.“

Abgaben:
Das waren meist Lebensmittel wie Getreide, Milch, Eier oder Brot, aber auch Tiere oder Geld. Jeder musste etwas abgeben, auch, wenn er selbst hungern musste. Das war sehr oft der Fall. Dafür wurden die Stadtbewohner vom Burgherren im Falle eines Krieges beschützt.

Das Wappen von Graf Ludwig von Ravensberg.

Das weiß keiner so genau.

Aber im Buch meiner Tante steht, dass die Sparren im Wappen nur geometrische Winkel sind und der Name der Burg vom „sparen Berg“ - einem kahlen Berg ohne Bäume - abgeleitet ist. Mmmh ...

Die Sparren wurden auch in das Bielefelder Wappen übernommen. Und die Burg wurde deshalb Sparrenburg genannt, steht hier.

Mauern macht Mühe
„Burgen wurden sehr stabil gebaut", meinte der Graf weiter.
„Wie ging das denn genau?" Erkan war neugierig. „Es wurden zwei parallele, also nebeneinander laufende, Mauern gebaut. In die Mitte schüttete man Schotter, Erde und Geröll."
„Aber wie konnte man die Steine nach oben schaffen? Die waren doch sicher sehr schwer", warf Sammy ein.
„Sehr kluge Frage." Der Graf schmunzelte.
„Die Menschen hatten damals schon gute Ideen. Sie bauten ein riesiges Tretrad, in dem man laufen konnte.
Über Seilwinden konnte ein Mensch etwa das 10-fache seines Gewichts nach oben transportieren."
„Cool", meinte Olivia, „das erinnert mich an ein Hamsterrad."
Die **Mauern** sind an einigen Stellen dicker als 3 Meter.
Burgbau bedeutet Berge von Bruchsteinen.

Ausbau zur FESTUNG
Guck mal, hier stehen wir!
Marien-rondell
Mittelplatz (frühere Vorburg)
Vorder-platz
Schuster-rondell
Alte Burg (frühere Hauptburg)
Kurtine: Verbindungsmauer zwischen 2 Rondellen
Burg- und Festungsanlage Sparrenberg - nach Meyer, 1741
(Bastion)
Scherpentiner
(Bastion)
Brückenwerk oder Vorwerk: Dieses Hindernis sollte einen Sturmangriff auf die Burg erschweren.
Eine Bastion ist ein vorgezogener Schutzbau oder Verteidigungspunkt einer Festung.
Kiekstadt-rondell: Man sagt, der Name komme daher, weil man von dort so gut auf die Stadt gucken (kieken) kann.
Windmühlenrondell: Das Dach sah aus wie das einer damaligen Windmühle. Die Wand ist hier 6,5 m dick.
Diese spitze Mauerecke hat ihren Namen wahrscheinlich daher, dass hier Schlangenkanonen, sogenannte Serpentinen, standen, womit geschossen werden konnte. Sie hatten eine Reichweite von 800 - 1000 m.
Die höchste Stelle des Scherpentiners ist 26 m hoch.
Alessandro Pasqualini aus Spanien hat diesen Scherpentiner konstruiert.
?

„Die Burg war früher viel kleiner, als sie heute ist."
Graf Ludwig führte die Kinder zu dem Fühlmodell auf der Wiese. Auf magische Weise leuchtete die alte Ursprungsburg plötzlich lila.
„Hier kann man schön sehen, wie die Burg zur **Festung** ausgebaut wurde."
„Warum und wie wurde das gemacht?", wollte Sammy wissen.
„Schießpulver und Kanonen wurden ab 1400 erfunden, deshalb musste man die Burgen sicherer bauen. Dazu wurde erst die hintere Seite um 1450 mit einem Turm verstärkt - der Windmühlenbastion, welche später Windmühlenrondell hieß. Zwischen 1535 und 1556 wurden dann die anderen 3 Rondelle, die Verbindungsmauern dazwischen und der Scherpentiner gebaut. Man baute Gänge und Räume in diese Rondelle und Verbindungen. Sie wurden mit Erde zugeschüttet - und so entstanden die **Kasematten**. Sie waren stabil und kanonensicher."

„So viele seltsame Wörter."
Olivia war verwirrt.
Nachdem der Graf alles erklärt hatte, wollte Erkan natürlich wissen, wie die Burg angegriffen wurde.
Aber da musste der Graf sie enttäuschen: „Da die Burg auf einem Berg liegt und somit eine Höhenburg war und ist, wurde sie nie angegriffen oder erobert.
Aber sie wurde belagert.
1636 sogar ein ganzes Jahr lang - bis die Burgbewohner aufgaben, da sie nichts mehr zu essen hatten."

ANGRIFF auf eine Burg

„Erzähl uns bitte trotzdem, wie eine Burg angegriffen wurde", bettelte Erkan. „Ja!", stimmten auch die anderen Kinder zu. Und Graf Ludwig berichtete, dass man sich im Mittelalter so einiges hatte einfallen lassen:

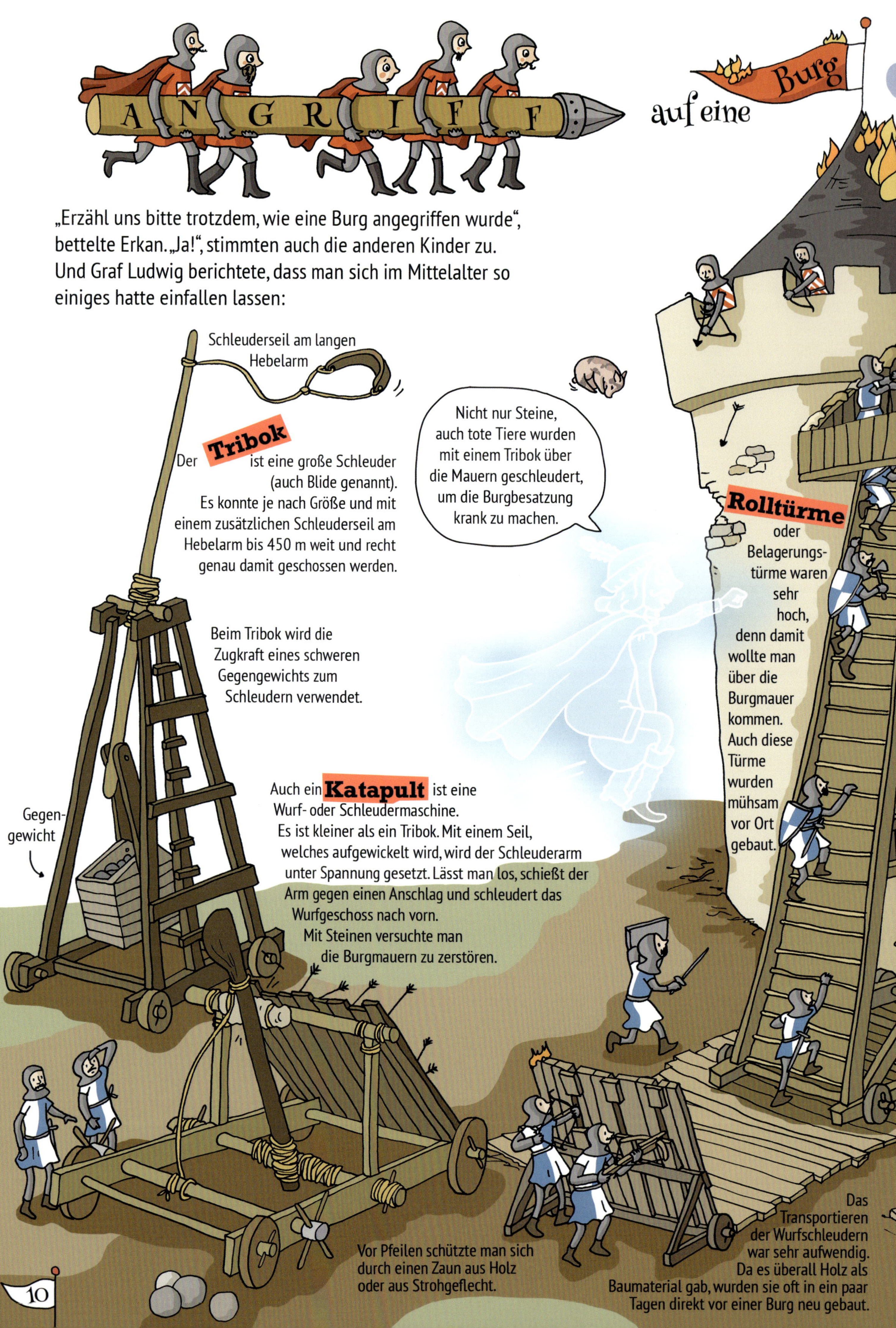

Der Sturm auf die Burg
über eine Zugbrücke
oben am Rollturm.
Durch die Pechnasen wurde
heißes Pech, kochendes Wasser
oder Urin und Kot geschüttet.
Brandpfeile wurden sowohl für
den Angriff als auch zur Verteidigung
eingesetzt.
Sturmleiter
Über Sturmleitern
versuchte man die
Burg zu erobern.
Rammbock
Mit einem Rammbock wollte
man direkt das Tor zerstören.
Unter einem Gerüst war ein
Baumstamm aufgehängt. Der
ließ sich nach vorn stoßen.
Das Gerüst mit nassen Tierhäuten
sollte vor herabfallenden
Steinen, Pech oder Feuer schützen.
Mit
eiserner
Spitze
verstärkt.
Der Burggraben musste
mühsam mit Holz, Erde, Steinen, Ästen
oder Sonstigem gefüllt werden.

„Kommt, ich erzähle euch noch etwas über die Ritter.“ Graf Ludwig sah die vier Kinder fröhlich an.
„Au ja!“ Alle waren begeistert und hörten gespannt zu.
„Um Ritter zu werden, musste man der Sohn eines Adligen sein. Man wurde schon **sehr jung** zu einem anderen Grafen oder Baron geschickt, um dort als Page zu arbeiten. Die Jungs lernten körperlich fitter und geschickter zu werden. Sie lernten reiten, jagen, schwimmen, mit Pfeil und Bogen schießen und den Umgang mit dem Schwert.

Wenn du wissen willst, wie alt man da war, zähle alle Mäuse auf diesem Bild zusammen.

Auch übten sie Manieren, also sich gut zu benehmen, und Schach spielen. Wenn sie Glück hatten, durften sie auch Lesen und Schreiben lernen. Das war nicht selbstverständlich. Mit 14 - 16 Jahren wurden sie dann Knappe, das waren persönliche Diener eines Ritters.“
„Und was bedeutete das?“, fragte Sammy.
„Sie halfen die Ritterrüstung anlegen, waren bei Turnieren dabei, zogen auch mit in den Kampf, lernten schwimmen und tanzen und weiter das Kämpfen mit Schwert und Lanze. Sie standen ihrem Ritter immer zur Seite. Mit 21 wurden sie dann selbst zum Ritter geschlagen. Dann bekamen sie eine Rüstung, ein Schwert und manchmal auch ein eigenes Pferd. Ihr Beruf war nun Ritter sein.“

Ritter waren Krieger, die auf einem Pferd ritten, statt zu Fuß in den Kampf zu ziehen. Die Pferde mussten stark sein, um den Ritter mit seiner schweren Rüstung tragen zu können.

Die Rüstung eines Ritters nennt man **Harnisch**. Sie besteht aus vielen Teilen:

Kettenhemd

Ein Kettenhemd bestand aus etwa 30000 ineinander gehakten Eisenringen und wog ca. 30 Kg - soviel wie 30 Packungen Apfelsaft. Der Ritter war dann so schwer, dass er nicht ohne Hilfe auf's Pferd kam.

Später wurden ganze Ritterrüstungen entwickelt. Auch diese waren sehr schwer. Fiel ein Ritter vom Pferd, war er leicht zu töten oder gefangen zu nehmen, da er sich wegen der schweren Rüstung kaum bewegen konnte.

Tugenden: Gute Eigenschaften eines Ritters sollten sein:

- Gerecht sein
- Hilfsbereit sein
- Großherzig sein
- Tapfer sein
- Seinem Herrn gegenüber treu sein
- Frauen gegenüber respektvoll sein
- Nach den Geboten Gottes leben
- Waisen und Witwen beschützen

Waise: Kind, welches beide Eltern verloren hat.

Witwe: Frau, die ihren Ehemann verloren hat.

Topfhelm
(2-5 kg schwer)
Nasenhelm
Hundsgugel
Es gab viele verschiedene Helme: Nasenhelme, Topfhelme und später Helme mit beweglichem Visier. Einer hatte den Namen ‚Hundsgugel' und war der beliebteste bei den Rittern.
„Gab es keine Kriege, wurden Turniere veranstaltet, um in Übung zu bleiben und ein Fest zu feiern. Obwohl die Waffen auf Turnieren stumpf waren, gab es oft Verletzte und auch Tote."
„Oh!", Olivia war entsetzt.
Die Ritter sahen in ihren Rüstungen alle gleich aus. Um sich gegenseitig zu erkennen, trug man Wappenschilder und Helmschmuck.
„Mit der Erfindung der Kanonen war auch bald die Zeit der Ritter vorbei." Der Graf träumte vor sich hin.
Tjost
Zwei Ritter ritten aufeinander zu und versuchten sich gegenseitig mit einem gezielten Lanzenstoß vom Pferd zu stoßen. Der Sieger einer Tjost erhielt vom Verlierer häufig seine gesamte Ausrüstung: Seine Waffen, seine Rüstung und sein Pferd. Man konnte also viel gewinnen, aber auch viel verlieren.
Buhurt
Ein Buhurt konnte spontan stattfinden. (Ein Turnier musste angekündigt werden.) Es war ein eher harmloser Kampf zwischen zwei Mannschaften auf Pferden mit Lanzen, stumpfen Schwertern und Schilden zur Abwehr.
Kolbenturnier
Man trug einen speziellen Helm mit Gittervisier und nur am Oberkörper eine Rüstung. Zwei Ritter kämpften mit stumpfen Kolben aus Holz - der Weiterentwicklung der Keule - gegeneinander. Es durfte nur oberhalb des Sattels zugeschlagen werden. Ziel war es, den Schmuck vom Helm des anderen abzuschlagen. Es gab auch große Kolbenturniere mit 200 Rittern.
Streitaxt
Im richtigen Kampf gab es keine Regeln, wichtig war nur zu töten.
Stechpuppe
Zum Üben vor einem Turnier

KINDER im Mittelalter

„Drängel nicht so", maulte Erkan.
„Selber", schimpfte Rike zurück.
Die beiden rempelten ein bisschen rum und - schwups - flog Rikes Handy über die Mauern.
„Du Blödmann!"
„Streitet nicht", meinte Graf Ludwig ernst und klatschte kurz in die Hände. Schon sahen Rike, Erkan und Olivia **ganz** anders aus. Sie kreischten überrascht, Sammy fing an zu kichern.
„Kinder im Mittelalter wurden von den Eltern oft als **Plage** empfunden", meinte Graf Ludwig ernst. „Viele wurden als Baby fest und bewegungslos in Tücher gewickelt, später in Hängesitzen oder Gitterkäfigen aufbewahrt oder mit einem Fallhut, einer Art Helm, ausgestattet.
Nur, damit man sich nicht um sie kümmern musste. Waren sie endlich **7 Jahre** alt, mussten die armen Kinder auf dem Feld oder im Haushalt mithelfen. Die reichen Jungen wurden zu anderen Burgen geschickt, um dort als Page zu arbeiten, um dann vielleicht eines Tages Ritter zu werden."

Welche 7 Fehler kannst du im Spiegelbild finden?

Adlige Jungs waren am Hut zu erkennen.

„Reiche Mädchen lernten im Gegensatz zu den Jungs das Lesen und Schreiben. Auch lernten sie früh einen Haushalt führen, sticken, nähen und weben und sich auf die Aufgabe als Ehefrau vorzubereiten."
Rike kicherte: „Das hatte aber noch Zeit."
„Oh nein", korrigierte Graf Ludwig ernst, „die Kinder wurden bereits mit 12 bis 16 Jahren verheiratet. Und aussuchen durften sie sich ihren Partner natürlich nicht! Das wurde von den Eltern geregelt und vorgegeben."
Da kicherte keines der Kinder mehr.
Ein kurzes Händeklatschen des Grafen und die Kinder hatten ihr normales Aussehen zurück.

Die Kleidung adliger Kinder war kostbar und schön anzusehen, aber man konnte sich kaum darin bewegen.

Kleidung der Bauernkinder

Kinder-Spiele aus dem Mittelalter

„Haben die Kinder denn gar nicht gespielt?“ Olivia war entsetzt.

„Doch, doch“, beruhigte Graf Ludwig sie. „Nur nicht so viel und so lange wie heute. Und auch mit selbstgebauten Spielsachen. Hier seht ihr ein paar Spiele. Es gab auch schon Backgammon oder Schach. Das wurde allerdings eher von den Adligen gespielt.“

„Gab es schon Bälle?“, wollte Sammy wissen. „Ja, die gab es. Man nahm sich die Blasen vom Schwein, die beim Schlachten übrig blieben, wusch sie und blies sie auf. Dann hatte man eine Art Luftballon. Füllte man Steinchen hinein, konnte man Fangball oder Fußball spielen“, erklärte der Graf weiter. „Das ist voll eklig“, stöhnte Rike.

Himmel & Hölle

Mal dir das Spielfeld auf den Boden.
Starte auf der Erde. Wirf einen Stein in das Feld 1.
Triffst du, darfst du auf einem Bein loshüpfen.
Das Feld mit dem Stein muss übersprungen werden. In Feld 4 und 5 springst du mit beiden Beinen gleichzeitig. Die Hölle muss übersprungen werden. Im Himmel darfst du mit beiden Beinen stehen. Dann geht es zurück.
Hebe den Stein (auf einem Bein stehend) auf, bevor du wieder zur Erde zurück kommst.
In der nächsten Runde wirfst du 1 Feld weiter.
Bei einem Fehler ist der andere dran.
Ein Fehler ist: Der Stein ist nicht im Feld.
Du trittst mit dem Fuß auf eine Linie.

Du kannst das Spiel um weitere Felder vergrößern.

Kugelspiel

Malt euch ein großes Dreieck auf den Boden.
Unterteilt es in 10 etwa gleich breite Reihen.
Nummeriert die Felder: Das kleinste Feld hat die Nummer 10, das größte Feld die Nummer 1.
Jeder bekommt 5 Spielsteine (Murmeln, Kugeln, Nüsse oder Steine). Geht etwa 3 Schritte vom Feld weg und markiert den Startpunkt (mit einem Strich oder einem Stock).
Von hier rollt ihr nun eure Spielsteine auf das Feld.
Wer die meisten Punkte hat, hat gewonnen.
Tipp: Ihr könnt das Spiel auch drinnen spielen.
Klebt dazu ein Dreieck mit Kreppband auf den Boden.

Tic Tac Toe

Das Spiel ist für 2 Personen.
Malt oder legt euch ein Spielfeld aus 9 Feldern auf den Boden oder den Tisch. Jeder hat 5 Steinchen, Figuren oder andere unterscheidbare Dinge. Gelegt wird abwechselnd in eins der 9 Felder.
Gewonnen hat, wer zuerst 3 Steine in einer Reihe hat (waagerecht, senkrecht oder diagonal).

ESSEN im Mittelalter

„Ich hab so'n Hunger", maulte Sammy. Erkan kannte das schon und hatte extra eine Banane für ihn mitgenommen. Graf Ludwig schaute erstaunt auf das gelbe Teil.
„Also im Mittelalter haben die Menschen hauptsächlich Brot gegessen, manchmal 1 Kg am Tag! Die Armen aßen das Roggen- oder Haferbrot, die Reichen das ungesunde Weißbrot. Es gab zusätzlich Suppen, Getreidebrei und Gemüse. Die Reichen aßen aber lieber Fleisch.
Oft wurden zu einer Mahlzeit verschiedene Sorten gegessen: Huhn, Schwein, Rind - aber auch Fisch.
Nur die Adligen durften jagen gehen, und so aßen sie außerdem gern Kaninchen, Fasane, Rehe oder Pfauen. Die Bauern lebten von Obst und Gemüse auf ihren Feldern.

Als Teller wurde oft eine alte Scheibe Brot benutzt. Danach wurde sie manchmal an die Armen verschenkt.

Wie kommt das Mäuschen über den Tisch zum Stuhl? Führt der richtige Weg am Essen der armen oder reichen Menschen vorbei?

Wie ihr seht", meinte Graf Ludwig weiter, „aßen die Adligen viel ungesünder und bekamen zu wenig Vitamine. Dafür hatten sie von dem vielen **Fleisch** oft Verstopfung, bekamen Zahnausfall und andere Krankheiten."
„Siehst du, Sammy", grinste Erkan, „deshalb bringe ich dir immer **Obst** mit, damit du gesund bleibst."

„Gab es auch schon Süßigkeiten?", wollte Sammy wissen. „Man aß gern getrocknete Früchte. Diese waren mit Zucker überzogen und damit länger halbar", meinte der Graf. In Deutschland gab es **Marzipan** seit 1407, **Schokolade** etwa seit Anfang des 18. Jahrhunderts. **Gummibärchen** wurden erst 1922 erfunden. Also vor etwa 100 Jahren." „Voll krass!" Die Kinder staunten.

Unten in der Festung

„Haltet euch am Geländer fest", meinte Graf Ludwig, als sie die rutschigen Treppen zum Schusterrondell hinab stiegen. Hier unten haben teilweise 50 Leute gehaust. Man schlief auf Stroh auf dem Boden. Weil nachts keiner Lust hatte bis zum Klo zu laufen, wurde in Nachttöpfe gemacht. Am Morgen wurden sie eingesammelt und einfach über die Burgmauern gekippt.

„Iiih!" Rike rümpfte die Nase.

„Wir sind auch an einem kleinen, dunklen Raum vorbei gekommen. Das war das Gefängnis für die Burgbewohner, die sich nicht an die Regeln hielten."

„Die kamen auch ins Gefängnis?" Rike war erstaunt.

„Die Burg wurde nie angegriffen, die Männer hatten oft wenig zu tun. So spielten sie häufig Karten. Da es aber so dunkel war und man nicht alles richtig sah, gab es viel Streit und Prügeleien."

"Yeah", Erkan knuffte Sammy in die Seite.

"Alle, die stritten, kamen dann für 6 Wochen in das dunkle Loch!"

„Das ist so lange wie die ganzen Sommerferien", meinte Olivia entsetzt. „Und das bei wenig Essen, ohne Feuer, in Kälte und Dunkelheit. Außerdem war es ziemlich feucht hier unten. Manchmal waren in dem kleinen Raum 40 Mann drin", wusste der Graf zu berichten.

„Ups, doch nicht so toll", sagte Erkan bedröppelt.

„Für andere Übeltäter, wie zum Beispiel Diebe, gab es ein richtiges Gefängnis unten im Turm. Das zeige ich euch gleich. Jetzt gehen wir erstmal zur ‚Mausefalle'."

Viel, viel, ganz viel Erde wurde hier aufgeschüttet.
Rauchabzug
Dies ist das Schusterrondell
Es ist ein Teil der Kasematten.
Das Wort bedeutet, dass es sich um Räume handelt, die durch dicke gemauerte Wände mit aufgeschütteter Erde so stark waren, dass sie nicht von Kanonen zerstört werden konnten. Sie liegen über dem Erdboden.
Die Mauern waren hier 3 - 6 m dick.
Die Backstube der Burg:
In dem großen Ofen konnte man 100 Brote gleichzeitig backen.
Vorher musste aber stundenlang Feuer darin gemacht und danach die Asche entfernt werden.
Dann waren die Steine so heiß, dass man auch 3 x hintereinander backen konnte.
Oft stellte man danach über Nacht Suppe in den Ofen. Die war dann am nächsten Tag fertig. Das Holz wurde zum Trocknen dort oben gelagert.
Weil es so schön warm war, schliefen die Bäcker auch dort.
Um zu sehen wie viel das ist, miss mal mit einem Zollstock die Länge von deinem Zimmer.
Welcher Tierschatten kommt hier genau zweimal vor?
Das Brot wurde allerdings nicht frisch gegessen. Jeder weiß, dass langes Kauen schneller satt macht. Also wurde das Brot erst nach ein paar Tagen trocken verspeist. Zu jeder Mahlzeit wurde Brot gegessen.
Der Backtrog zum Kneten von Brotteig war riesig - fast so groß wie 2 Badewannen. Der Teig wurde barfuß mit den Füßen durchgeknetet.
Weitere Schießscharten
Krass gruselig
Mir ist es hier viel zu dunkel und zu kalt.
Heute kann man hier unten auch seinen Geburtstag feiern.
Man brauchte mehrere Feuer, um sich warm zu halten. Es gab 3 Feuerstellen auf dem Boden und 3 Rauchabzüge in der Decke. Auch im Sommer ist es hier unten recht kühl.

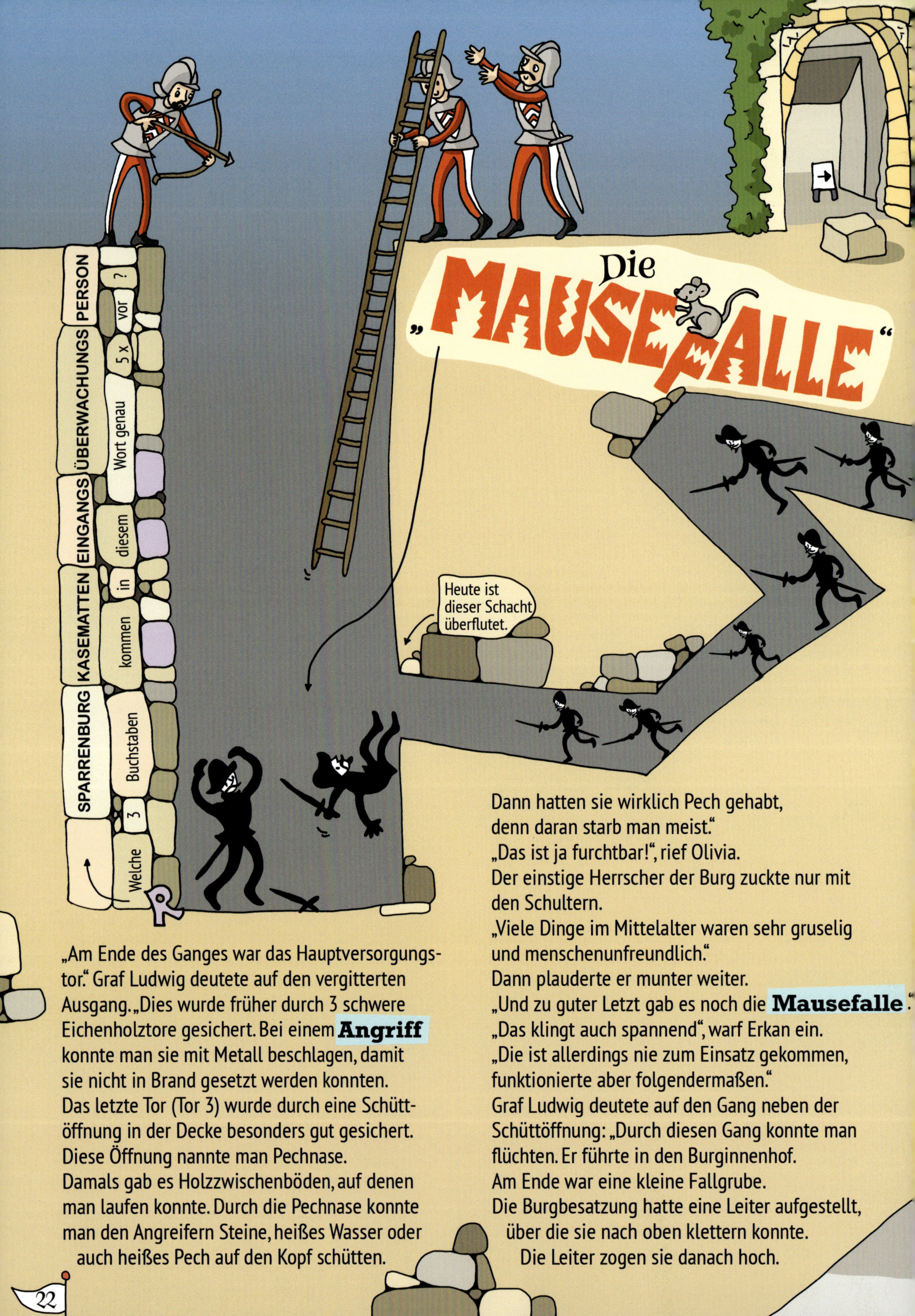

„Am Ende des Ganges war das Hauptversorgungstor." Graf Ludwig deutete auf den vergitterten Ausgang. „Dies wurde früher durch 3 schwere Eichenholztore gesichert. Bei einem **Angriff** konnte man sie mit Metall beschlagen, damit sie nicht in Brand gesetzt werden konnten.
Das letzte Tor (Tor 3) wurde durch eine Schüttöffnung in der Decke besonders gut gesichert.
Diese Öffnung nannte man Pechnase.
Damals gab es Holzzwischenböden, auf denen man laufen konnte. Durch die Pechnase konnte man den Angreifern Steine, heißes Wasser oder auch heißes Pech auf den Kopf schütten.
Dann hatten sie wirklich Pech gehabt, denn daran starb man meist."
„Das ist ja furchtbar!", rief Olivia.
Der einstige Herrscher der Burg zuckte nur mit den Schultern.
„Viele Dinge im Mittelalter waren sehr gruselig und menschenunfreundlich."
Dann plauderte er munter weiter.
„Und zu guter Letzt gab es noch die **Mausefalle**."
„Das klingt auch spannend", warf Erkan ein.
„Die ist allerdings nie zum Einsatz gekommen, funktionierte aber folgendermaßen."
Graf Ludwig deutete auf den Gang neben der Schüttöffnung: „Durch diesen Gang konnte man flüchten. Er führte in den Burginnenhof.
Am Ende war eine kleine Fallgrube.
Die Burgbesatzung hatte eine Leiter aufgestellt, über die sie nach oben klettern konnte.
Die Leiter zogen sie danach hoch.

Die Angreifer, die unten in die Grube fielen, konnten beschossen werden. Es war nicht möglich, eine ausreichend lange Leiter durch die niedrigen Gänge mit den vielen Kurven zu transportieren. So saßen sie fest wie in einer Mausefalle."
„Die haben sich aber richtig was einfallen lassen." Auch Rike war beeindruckt von den vielen Tricks aus dem Mittelalter.

Vom Gefängnis

„Und jetzt wollen wir noch etwas über das Gefängnis wissen." Rike bestand darauf.
„Oh ja", stimmte Sammy ihr zu.
„Das Gefängnis befand sich unten im Turm." Graf Ludwig schlug mit dem Schwert begeistert gegen die dicken Mauern. „Der Eingang befand sich aus Sicherheitsgründen 3 Meter über dem Erdboden. Es gab keine Tür. Die Gefangenen wurden an einem Seil durch ein kleines Loch im Fußboden in das Gefängnis gelassen. Das Loch war weit übers Land bekannt als das ____________!

Vom Brunnen

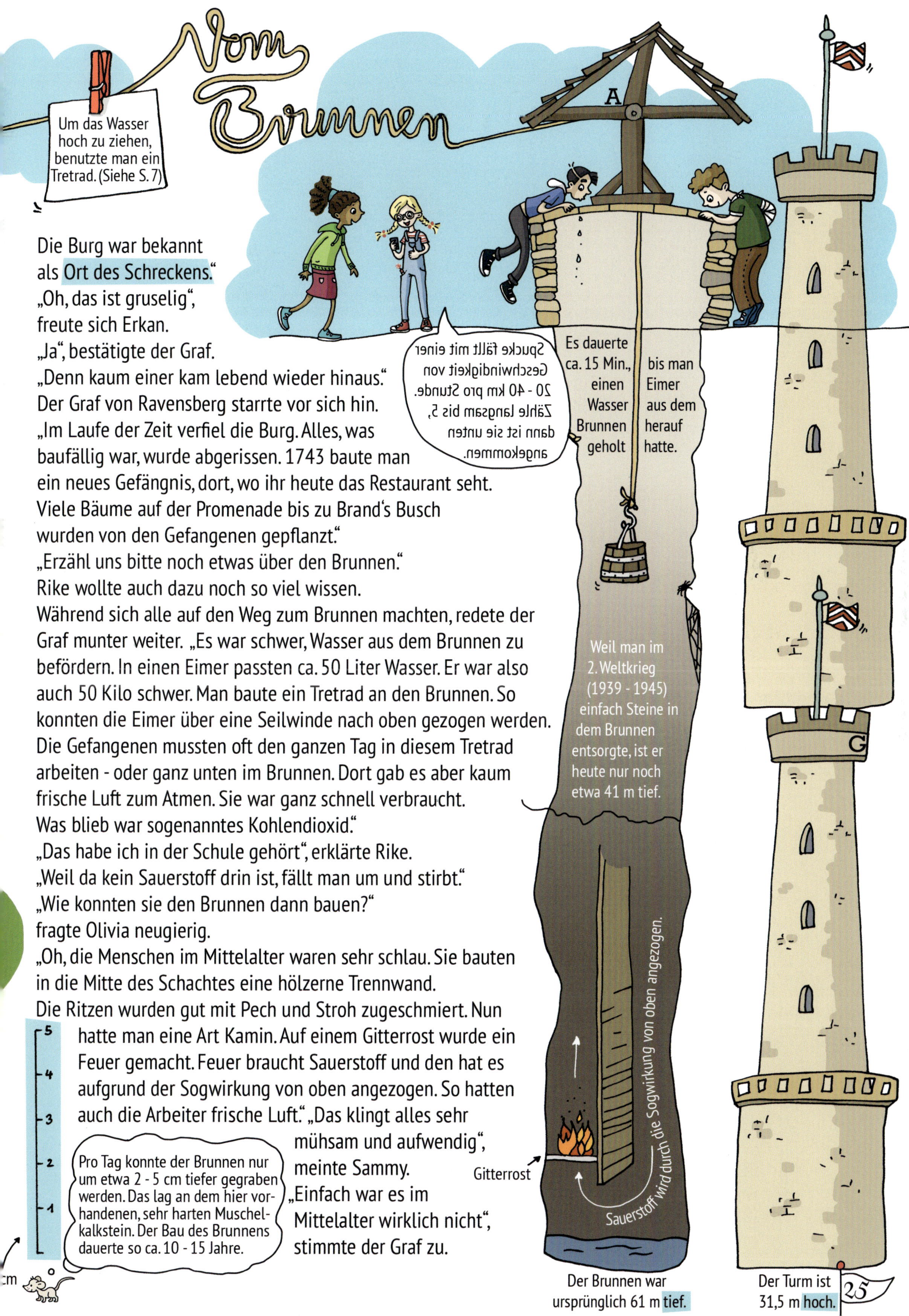

Die Burg war bekannt als Ort des Schreckens."
„Oh, das ist gruselig", freute sich Erkan.
„Ja", bestätigte der Graf.
„Denn kaum einer kam lebend wieder hinaus."
Der Graf von Ravensberg starrte vor sich hin.
„Im Laufe der Zeit verfiel die Burg. Alles, was baufällig war, wurde abgerissen. 1743 baute man ein neues Gefängnis, dort, wo ihr heute das Restaurant seht. Viele Bäume auf der Promenade bis zu Brand's Busch wurden von den Gefangenen gepflanzt."
„Erzähl uns bitte noch etwas über den Brunnen."
Rike wollte auch dazu noch so viel wissen.
Während sich alle auf den Weg zum Brunnen machten, redete der Graf munter weiter. „Es war schwer, Wasser aus dem Brunnen zu befördern. In einen Eimer passten ca. 50 Liter Wasser. Er war also auch 50 Kilo schwer. Man baute ein Tretrad an den Brunnen. So konnten die Eimer über eine Seilwinde nach oben gezogen werden. Die Gefangenen mussten oft den ganzen Tag in diesem Tretrad arbeiten - oder ganz unten im Brunnen. Dort gab es aber kaum frische Luft zum Atmen. Sie war ganz schnell verbraucht. Was blieb war sogenanntes Kohlendioxid."
„Das habe ich in der Schule gehört", erklärte Rike.
„Weil da kein Sauerstoff drin ist, fällt man um und stirbt."
„Wie konnten sie den Brunnen dann bauen?" fragte Olivia neugierig.
„Oh, die Menschen im Mittelalter waren sehr schlau. Sie bauten in die Mitte des Schachtes eine hölzerne Trennwand. Die Ritzen wurden gut mit Pech und Stroh zugeschmiert. Nun hatte man eine Art Kamin. Auf einem Gitterrost wurde ein Feuer gemacht. Feuer braucht Sauerstoff und den hat es aufgrund der Sogwirkung von oben angezogen. So hatten auch die Arbeiter frische Luft." „Das klingt alles sehr mühsam und aufwendig", meinte Sammy.
„Einfach war es im Mittelalter wirklich nicht", stimmte der Graf zu.

Die Sparrenburg heute
„Über die heutige Burg kann ich euch auch noch ein bisschen erzählen." Graf Ludwig von Ravensberg setzte sich mit den vier Kindern auf die Wiese und redete und redete.
Kiekstadt-rondell
Windmühlenrondell
Diese offenen Mauerreste gehörten einst zum Zeughaus
In diesem nord-westlichen Teil der Gänge findet wegen der Fledermäuse nur 3 x im Jahr eine Führung statt.
„Die Ausgrabungen auf der Sparrenburg fanden zwischen 2007 und 2014 statt. Dabei fand man dieses Zeughaus, welches Mitte des 16. Jahrhunderts zur Lagerung von Kanonen, Waffen und Munition errichtet worden ist. Es gab zwei Durchgänge - zum Windmühlenrondell und zum Kiekstadtrondell. Die Archäologen fanden Austernschalen (von der Nordsee), kostbares Muranoglas (aus Italien) und edles Porzellan (aus China)."
Der Hermannslauf endet hier immer am letzten April-Sonntag nach 31,1 km.
Zähle das Geld, dann weißt du, was die Stadt Bielefeld 1879 genau bezahlte, um die Sparrenburg zu kaufen. Es waren übrigens damals noch Deutsche Mark (DM). Heute sind das etwa 4500 Euro.
Im zweiten Weltkrieg wurden einige Gebäude der Burg zerstört. Aber der Turm blieb stehen.
Auf der Sparrenburg kann man seine Hochzeit feiern.

Fledermäuse
In diesem Schutzgebiet rund um die Sparrenburg sind viele Fledermäuse zuhause. Wenn du wissen willst, wie viele Arten hier bisher entdeckt wurden, zähle die schlafenden Fledermäuse auf dieser Seite.
Die Klos im 16. Jahrhundert wurden Latrine genannt.
Hier sieht man die Reste dieser tollen Vorrichtung. Regenwasser spülte das Rohr frei. War die Grube voll, konnte man von außen die Absperrung öffnen. Der Inhalt ging dann allerdings über die Burgmauern in Richtung Stadt.
Weitere Infos zu Fledermäusen findest du hier.
Die Hausaufgaben können wir jetzt locker schaffen.
„Jetzt habe ich euch ziemlich viel erzählt, aber ein paar Geheimnisse behalte ich noch für mich."
Graf Ludwig schmunzelte. „Bis zum nächsten Mal."
Und so schnell, wie er gekommen war, war er auch wieder verschwunden. Die Kinder hatten nicht einmal Zeit, sich richtig zu bedanken.
Ob sie ihn je wiedersehen würden?
Jedes der Kinder weiß ein bisschen was anderes über die Sparrenburg. Wer sagt was?
1612 gab es ein Erdbeben in Bielefeld.
Dies gab es zum 1. Mal schon 1884. Seit 1995 findet es regelmäßig statt.
Jedes Jahr am letzten Juli-Wochenende findet rund um die Burg das Sparrenburgfest statt. Dabei wird das Mittelalter wieder lebendig.

Das Sparrenburgfest

Findest du
Sammys grüne Tante?
Wo sind die 4 Kinder
und der Graf Ludwig?
Auf diesem Bild haben sich
Lisa und Lotta versteckt.
Sie sind Zwillinge. Sie
haben Zöpfe und eine
Brille. Wo sind sie?
Hau den Lukas
Kondor
Steinadler
Falke
Möwe
Amsel
Kolib
Wickie
Halva
Faxe
Ilvy
Wie viele Menschen
sind auf dem Bild?
Mehr oder weniger
als 100?
Auf diesem Bild ist eine
Uhrzeitangabe.
Rechne minus 12 und mal 2, dann
weißt du wie viele Fledermäuse auf
diesem Bild sind.
Findest du alle?

Redewendungen

Alles in Butter

Teure Gläser wurden in große Fässer gelegt und mit heißer, flüssiger Butter übergossen. Wenn sie abkühlte, wurde sie fest und sorgte so dafür, dass die Gläser sicher transportiert werden konnten. Selbst, wenn ein Fass herunter fiel, blieben sie heile.

Es ist alles OK

Das Essen beenden

Die Tafel aufheben

Im Mittelalter wurde das Essen auf großen Tischplatten, den Tafeln, wie auf einem Tablett in den Saal getragen und auf Böcke gestellt. So wurde auch die Tafel wieder ‚aufgehoben' und die ganzen Platten in der Küche gesäubert. Schnell hatte man Platz, um zu tanzen oder auf dem Boden zu schlafen.

Das kann kein Schwein lesen

Das hat nichts mit Schweinen zu tun, sondern mit der Familie Swyn, die kluge Leute gewesen sein sollen.
Hatten sie Probleme beim Entziffern einer Schrift, so sagte man unter den Bauern: „Das kann kein Swyn lesen."

Ein Buch aufschlagen

Papier war sehr wertvoll.
Die einzelnen Blätter legte man zwischen Deckel aus Buchenholz. Sie wurden mit Metallhaken zusammen gehalten.
Schlug man auf den Deckel, klappten die Haken zur Seite und das Buch sprang auf.

Immer der Nase nach

Wenn Fremde fragten, wo die nächste Burg sei, so wurde ihnen gesagt, sie sollen immer ‚der Nase nach' gehen. Denn auf Burgen wurden Kot und Urin einfach über die Mauern in den Burggraben geschüttet.
Diesen Gestank konnte man schon aus der Ferne riechen.

Schneller werden

Einen Zahn zulegen

In Burgküchen hingen die großen Töpfe an gezackten, einem Sägeblatt ähnlichen, Eisenschienen. Legte man einen Zahn zu, wurde der Topf einen Zahn näher zum Feuer gebracht. Das Essen wurde dann schneller fertig.

Eine Hilfe, sich etwas besser merken zu können

Eine Eselsbrücke bauen

Esel wollen keine nassen Füße bekommen. Da sind sie sehr störrisch und nicht zu überreden. Damals wurden sie für den Transport von Dingen benutzt. Dabei musste man manchmal auch Flüsse überqueren, durch sie aber nicht gehen wollten. Deshalb baute man extra für sie eine ‚Eselsbrücke' an schmalen Stellen des Flusses, um hinüber zu gelangen.

Das ist Kunibert. Er kann schon 32 kg tragen. Kann er alle Eimer gleichzeitig tragen? Weißt du auch, ob beide Seiten gleich schwer sind?

Kackstuhl

Kackstühle waren prunkvolle Stühle für Adlige - mit einem Loch in der Mitte und einem Eimer darunter. Man ging auch mitten in einem Raum mit vielen Leuten auf dieses ‚Klo'.

Elle

Früher wurde in Elle und Fuß gemessen. Das war aber sehr ungenau, denn jeder hat schließlich verschieden lange Arme und Füße. Im Januar 1872 wurde in Deutschland der Meter eingeführt. Ein Meter hat 100 cm.

BASTEL-Seite

Klebe hier eine halbe Walnussschale auf. Du kannst auch eine Streichholzschachtel oder Ähnliches nehmen. Oder bastel dir aus Knetgummi eine kleine Wurfschale.

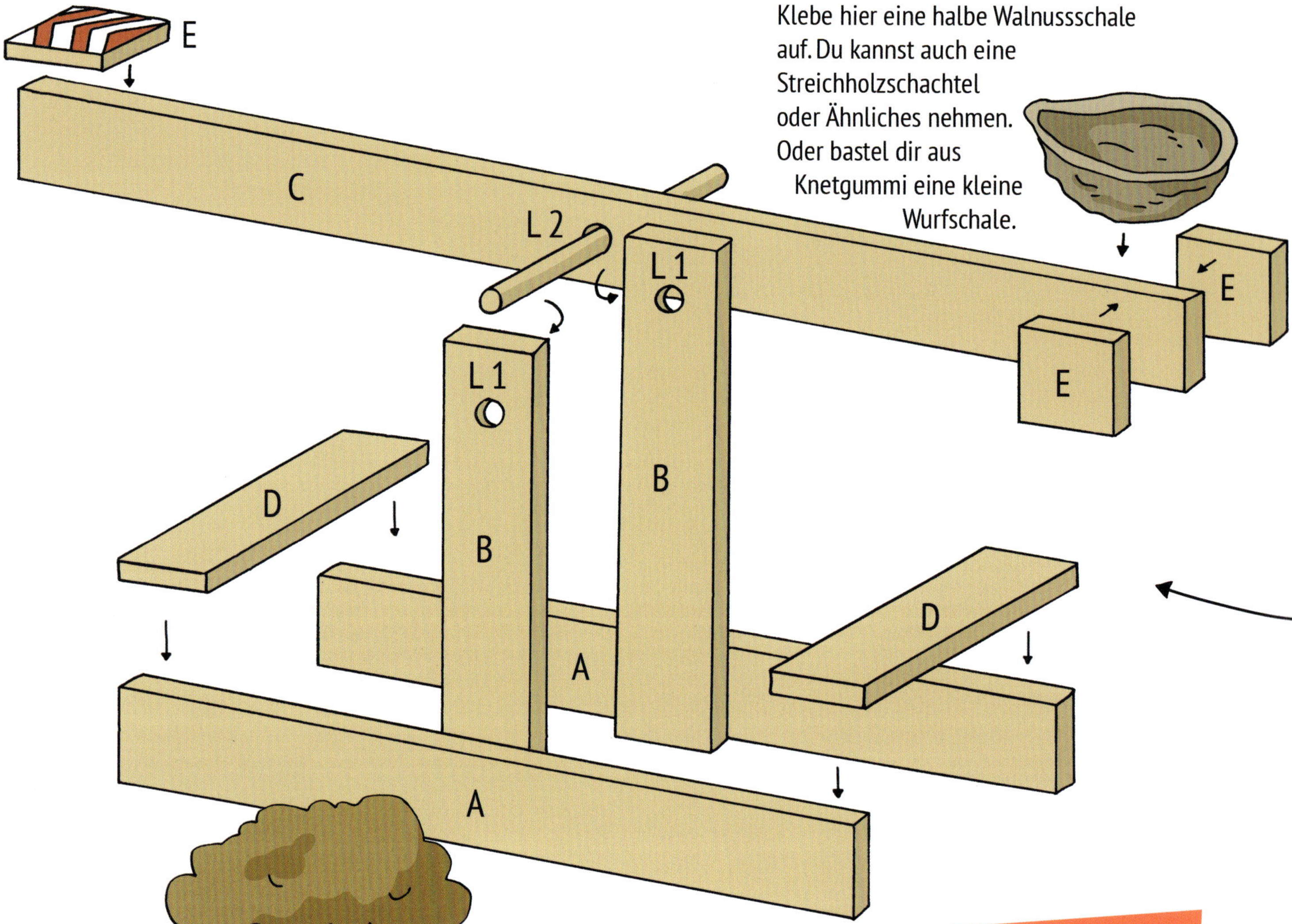

E

C

L 2

L 1

L 1

E

E

D

B

B

A

D

A

Bau dir dein eigenes kleines Katapult:

Du brauchst:
- 1 Holzleiste: 0,5 x 1,5 cm (mindestens 80 cm lang)
- 1 Rundstab, Durchmesser 0,6 cm (mindestens 5 cm lang)
- 1 halbe Walnussschale oder eine Streichholzschachtel oder Ähnliches als Wurfschale
- Holzleim
- Säge
- Bohrmaschine
- Holzbohrer 6 mm und 8 mm

Pappe

SPARRENBURG GEIST TRIBOK KEKS S

Findest du immer ein Wort, welches mit dem letzten Buchstaben des Wortes davor beginnt?

Wappen malen

Die Wappen waren für die Ritter sehr wichtig. Sie waren sonst - nur in ihren Rüstungen - nicht von anderen Rittern zu unterscheiden. Es gab strenge Regeln, wie ein Wappen aussehen durfte. Es durften nur folgende Farben verwendet werden: Rot, Blau, Grün und Schwarz, dazu die Metalle Gold und Silber (dargestellt durch Gelb und Weiß). Metall durfte nicht an Metall grenzen. Farben durften nicht an Farben grenzen.

Aber dein eigenes Wappen darfst du zum Glück gestalten wie du willst. Vielleicht hast du Lust, dir ein schönes Wappen zu malen? Viel Spaß dabei!

Bauanleitung:

Das Bild hilft dir, alles gut zu verstehen.

1. Säge die Holzleiste in folgende Stücke:
   A = 2 x 12 cm lang
   B = 2 x 8 cm lang
   C = 1 x 19 cm lang
   D = 2 x 6 cm lang
   E = 3 x 1,5 cm lang

2. Säge vom Rundholzstab ein 5 cm langes Stück ab.

3. Bohre folgende 3 Löcher:
   - In die beiden Teile B mittig ein 6 mm Loch (L1), 1 cm vom Rand entfernt
   - In das Teil C mittig ein 8 mm Loch (L2)

4. Leime die beiden Teile B an der Seite ohne Loch mittig an die Teile A. Trocknen lassen.

5. Leime die Teile E ans Ende des Teils C (siehe Bild). Trocknen lassen.

6. Stecke das Rundholz durch L2 und leime die Enden je in L1 fest. Guck auf das Bild, die Teile B müssen innen liegen.

7. Leime die beiden Teile D auf A.

Spiel: Ziegen hüten

Jeder hat 1 großen und 6 kleine Steine.
Zeichne einen Kreis auf den Boden oder lege ein Seil zu einem Kreis. Das ist dein „Stall". Lege deine 6 kleinen „Ziegen" hinein. Wirf den großen Stein hoch und nimm, während er fliegt, eine Ziege aus deinem Stall. Den großen Stein musst du wieder auffangen. Schaffst du es nicht, ist der andere dran.
Wer hat nach ein paar Runden die meisten „Ziegen" aus dem „Stall" geholt?

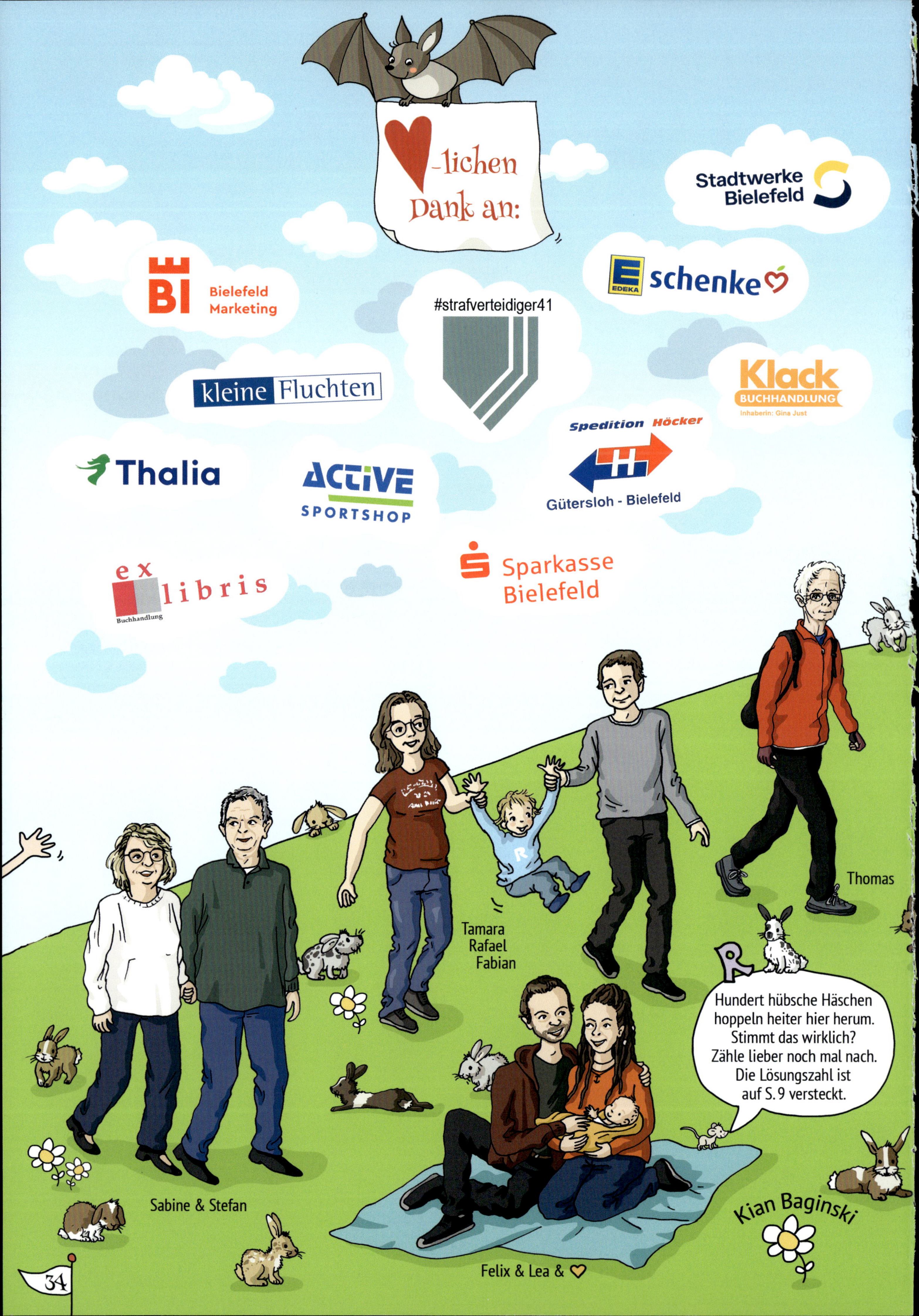

Sparkasse
Bielefeld

ex
libris
Buchhandlung

Thomas

Tamara
Rafael
Fabian

Hundert hübsche Häschen
hoppeln heiter hier herum.
Stimmt das wirklich?
Zähle lieber noch mal nach.
Die Lösungszahl ist
auf S. 9 versteckt.

Sabine & Stefan

Kian Baginski

Felix & Lea & ♡

Neue Westfälische
Sie wollen Ihr Logo bei der ächsten Auflage auch hier sehen? hreiben Sie mir: carmen.hochmann@gmail.com
BI
GAP
Oberschwester Anja
Lena & Ben
Oma Jutta
Leonard
Willst du auch mit auf die Wiese gezeichnet werden? Schreib mir: carmen.hochmann @gmail.com
Andrea & Andreas
Annika & Franziska
Steffi & Carmen

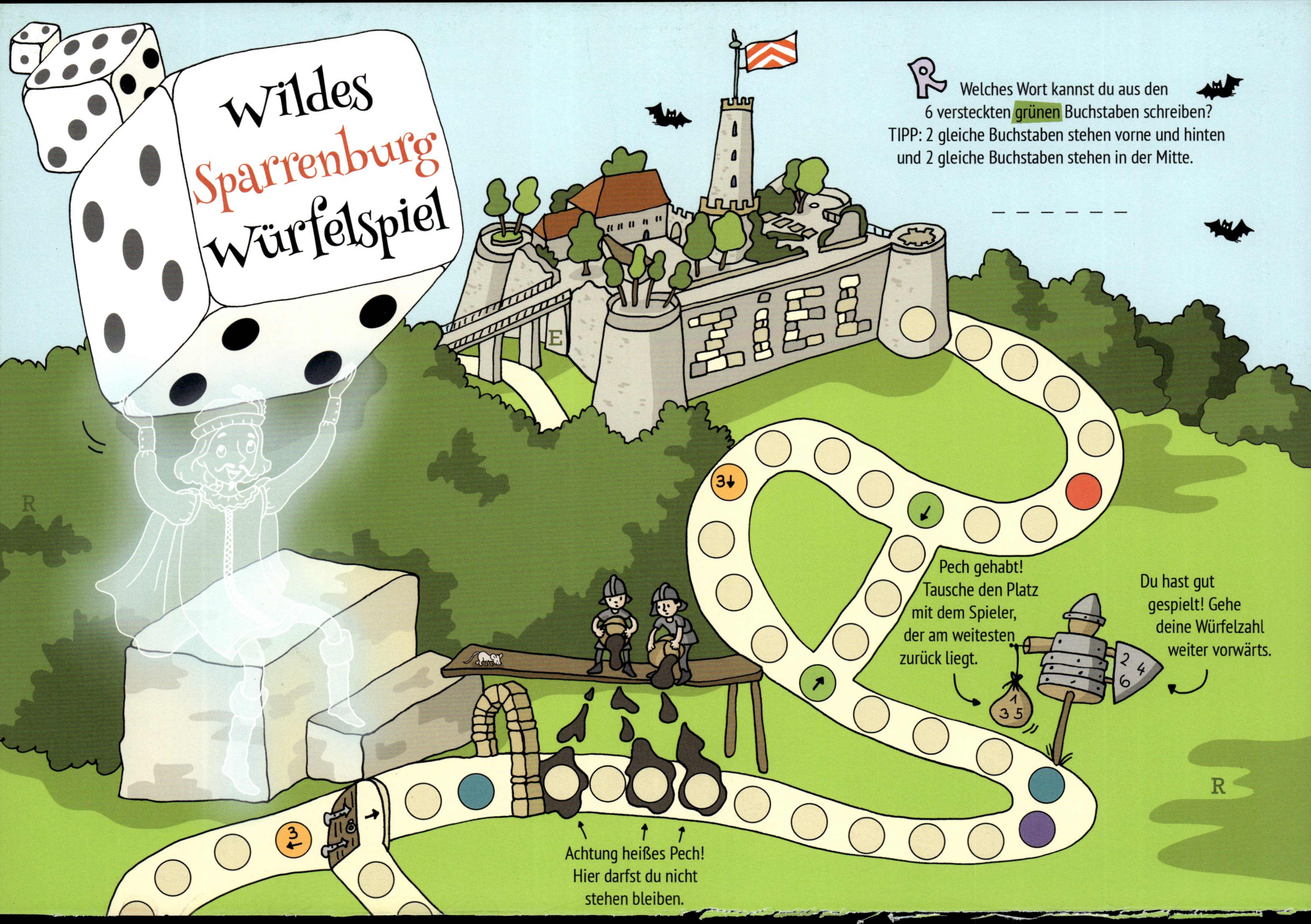
Wildes Sparrenburg Würfelspiel
Welches Wort kannst du aus den 6 versteckten grünen Buchstaben schreiben?
TIPP: 2 gleiche Buchstaben stehen vorne und hinten und 2 gleiche Buchstaben stehen in der Mitte.
_ _ _ _ _ _
ZIEL
Pech gehabt! Tausche den Platz mit dem Spieler, der am weitesten zurück liegt.
Du hast gut gespielt! Gehe deine Würfelzahl weiter vorwärts.
Achtung heißes Pech! Hier darfst du nicht stehen bleiben.